ALPHABET

ET FABLES,

par ordre Alphabétique

Dédiés aux petits Garçons et aux petites Filles
Orné de 26 Gravures.

Paris

LOCARD ET DAVI

EDITEURS,
Quai des Augustins, N.° 25, au Premier.

ALPHABET

DU

PETIT FABULISTE,

CONTENANT :

1° De grosses lettres et les ba, be, bi, bo, bu;

2° Les mots d'une, deux, trois, quatre, cinq et six syllabes, le tout bien divisé;

3° De petites phrases instructives, divisées pour faciliter les enfans à épeler, le tout en très gros caractères;

4° Un choix de Fables de nos meilleurs auteurs, *orné de vingt-cinq gravures en taille-douce*, correspondant aux vingt-cinq lettres de l'alphabet.

A PARIS,

CHEZ LOGARD ET DANI, LIBRAIRES,

QUAI DES AUGUSTINS, N° 25, AU PREMIER.

(524)

A B

C D

E F

a	b
c	d
e	f

G H
IJ K
L M

g	h
i j	k
l	m

N O
P Q
R S

n	o
p	q
r	s

T	U
V	X
Y	Z

t	u
v	x
y	z

A B C D

E F G H

I J K L

M N O P

Q R S T

U V X Y Z.

a b c d

e f g h

i j k l

m n o p

q r s t

 v x y z.

A B C D
E F G H
I J K L
M N O P
Q R S T
U V X Y Z.

---

a b c d e
f g h i j
k l m n o
p q r s t
u v x y z.

Les Lettres doubles.

æ   œ   fi   ffi

fi   ffi   fl   ffl

ff   fb   fl   fl

ft   &   &   W

PONCTUATION.

Apostrophe (') l'orage.
Trait d'union (-) porte-feuille.
Guillemet («)
Parenthèses ( )
Virgule (,)
Point et virgule (;)
Deux points (:)
Point (.)
Point d'interrogation(?)
Point d'exclamation (!)

Voyelles.

a e i ou y o u

Syllabes.

ba	be	bi	bo	bu
ca	ce	ci	co	cu
da	de	di	do	du
fa	fe	fi	fo	fu
ga	ge	gi	go	gu
ha	he	hi	ho	hu
ja	je	ji	jo	ju
ka	ke	ki	ko	ku

la	le	li	lo	lu
ma	me	mi	mo	mu
na	ne	ni	no	nu
pa	pe	pi	po	pu
qua	que	qui	quo	quu
ra	re	ri	ro	ru
sa	se	si	so	su
ta	te	ti	to	tu
va	ve	vi	vo	vu
xa	xe	xi	xo	xu
za	ze	zi	zo	zu

ab	eb	ib	ob	ub
ac	ec	ic	oc	uc
ad	ed	id	od	ud
af	ef	if	of	uf
ag	eg	ig	og	ug
ah	eh	ih	oh	uh
ak	ek	ik	ok	uk
al	el	il	ol	ul
am	em	im	om	um
an	en	in	on	un
ap	ep	ip	op	up
aq	eq	iq	oq	uq
ar	er	ir	or	ur
as	es	is	os	us

at	et	it	ot	ut
av	ev	iv	ov	uv
ax	ex	ix	ox	ux
az	ez	iz	oz	uz

bla	ble	bli	blo	blu
bra	bre	bri	bro	bru
cha	che	chi	cho	chu
cla	cle	cli	clo	clu
cra	cre	cri	cro	cru
dra	dre	dri	dro	dru
gla	gle	gli	glo	glu
gna	gne	gni	gno	gnu
gra	gre	gri	gro	gru
pha	phe	phi	pho	phu

2.

pla	ple	pli	plo	plu
pra	pre	pri	pro	pru
tla	tle	tli	tlo	tlu
tra	tre	tri	tro	tru

Lettres accentuées.

é	(aigu)
à è ù	(graves)
â ê î ô û	(circonflexes)
ë ï ü	(tréma)
ç	(cédille)

———

Pâ–té   Mè–re

Le–çon   Mê–me

Maî–tre   A–pô–tre

Hé–ro–ï–ne

Mots qui n'ont qu'un son
ou *qu'une syllabe.*

Pain	Vin
Chat	Rat
Four	Blé
Mort	Corps
Trop	Moins
Art	Eau
Marc	Veau
Champ	Pré
Vent	Dent
Vert	Rond

Mots à deux sons, ou deux syllabes
à épeler.

Pa-pa	Cou-teau
Ma-man	Cor-don
Bal-lon	Cor-beau
Bal-le	Cha-meau
Boul-le	Tau-reau
Chai-se	Oi-seau
Poi-re	Ton-neau
Pom-me	Mou-ton
Cou-sin	Ver-tu
Gâ-teau	Vi-ce

*Mots à trois sons, ou trois syllabes
à épeler.*

Or-phe-lin

Scor-pi-on

Ou-vra-ge

Com-pli-ment

Nou-veau-té

Cou-tu-me

Mou-ve-ment

His-toi-re

Li-ber-té

Li-ma-çon

A-pô-tre

Vo-lail-le

Ci-trouil-le

Mé-moi-re

Car-na-ge

Ins-tru-ment

Su-a-ve

Fram-boi-se

Gui-mau-ve

U-sa-ge

Mots à quatre sons, ou quatre syllabes à épeler.

É-ga-le-ment
Phi-lo-so-phe
Pa-ti-en-ce
O-pi-ni-on
Con-clu-si-on
Zo-di-a-que
É-pi-lep-sie
Co-quil-la-ge
Di-a-lo-gue
Eu-cha-ris-tie

Mots à cinq sons, ou cinq syllabes à épeler.

Na-tu-rel-le-ment
Cor-di-a-li-té
Ir-ré-sis-ti-ble

Cou-ra-geu-se-ment

In-con-vé-ni-ent

A-ca-ri-â-tre

In-do-ci-li-té

In-can-des-cen-ce

Ad-mi-ra-ble-ment

Cu-ri-o-si-té

In-e-xo-ra-ble

*Mots à six sons, ou six syllabes
à épeler.*

In-con-si-dé-ré-ment

Per-fec-ti-bi-li-té

O-ri-gi-na-li-té

Ma-li-ci-eu-se-ment

As-so-ci-a-ti-on

Va-lé-tu-di-nai-re

Phrases à épeler, divisées par syllabes.

J'ai-me mon pa-pa.

Je ché-ris ma ma-man.

Mon frè-re est o-bé-is-sant.

Ma sœur est bi-en ai-ma-ble.

Mon cou-sin m'a don-né un pe-tit se-rin.

Grand pa-pa doit ap-por-ter un pe-tit chi-en.

Gran-de ma-man me don-ne-ra pour é-tren-nes un che-val de car-ton.

3

J'i-rai de-main me pro-me-ner sur les bou-le-varts a-vec mes ca-ma-ra-des.

Thé-o-do-re a un beau cerf-vo-lant, a-vec le-quel je m'a-mu-se-rai bi-en.

La mai-son de ma tan-te à Vau-gi-rard est très-jo-lie. Il y a dans la cour un beau jeu de quil-les.

Mon on-cle Tho-mas a a-che-té un pe-tit é-cu-reuil que je vou-drais bi-en a-voir pour me di-ver-tir.

Di-man-che je n'i-rai pas à l'é-co-le; mon cou-sin Au-gus-te vi-en-dra me cher-cher pour al-ler à la pro-me-na-de.

Phrases à épeler.

Il n'y a qu'un seul Dieu qui gou-ver-ne le ciel et la ter-re.

Ce Dieu ré-com-pen-se les bons et pu-nit les mé-chans.

Les en-fans qui ne sont pas o-bé-is-sans ne sont pas ai-més de Dieu, ni de leurs pa-pas et ma-mans.

Il faut fai-re l'au-mô-ne aux pau-vres; car on doit a-voir pi-tié de son sem-bla-ble.

Un en-fant ba-bil-lard et rap-por-teur, est tou-jours re-bu-té par tous ses ca-ma-ra-des.

On ai-me les en-fans do-ci-les ; on leur don-ne des bon-bons.

Phrases à lire.

Un enfant doit être poli.

Un enfant boudeur est haï de tout le monde.

Un enfant qui est hon-nête et qui a bon cœur, est chéri de tous ceux qui le connaissent.

L'enfant sage est la joie de son père.

Le lion est le roi des animaux.

L'aigle est le roi des oiseaux.

La rose est la reine des fleurs.

L'or est le premier des métaux ; il est le plus dur et le plus rare.

La baleine est le plus gros des poissons de la mer.

Le brochet est un poisson vorace, qui détruit les autres poissons des rivières et des étangs.

L'homme a cinq sens, ou cinq manières d'aper-cevoir ou de sentir ce qui l'environne.

Il voit avec les yeux.

Il entend par les oreilles.

Il goûte avec la langue.

Il flaire ou respire les odeurs avec le nez.

Il touche avec tout le corps, et principalement avec les mains.

Phrases à lire.

Les quatre élémens qui composent notre globe,

sont : l'air, la terre, l'eau et le feu.

Sans air, l'homme ne peut respirer.

Sans la terre, l'homme ne peut manger.

Sans eau, l'homme ne peut boire.

Sans feu, l'homme ne peut se chauffer.

La réunion de ces quatre élémens est donc nécessaire à l'homme, pour vivre.

C'est l'air agité qui produit les vents, qui cause les orages, les tempêtes, et qui est la source de mille phénomènes qui arrivent journellement dans l'atmosphère.

C'est la terre qui produit toutes les substances végétales dont l'homme se nourrit, ainsi que les animaux qui la couvrent ; c'est au fond de la terre qu'on trouve le marbre, l'or, l'argent, le fer, et tous les autres métaux.

C'est dans l'eau, c'est-à-dire dans la mer, les fleuves, les rivières et les ruisseaux, qu'on pêche cette quantité prodigieuse de poissons de toutes grandeurs et de toutes grosseurs, qui servent d'alimens à l'homme.

C'est le feu qui échauffe la terre, qui anime et vivifie toute la nature. C'est le feu qui nous éclaire dans les ténèbres.

———

Les fleurs sont la parure de la terre, et l'ornement de nos demeures, qu'elles parfument de leurs odeurs agréables.

Les principales fleurs qui embellissent nos jardins et

parfument l'air, sont l'œillet, la renoncule, la jonquille, la violette, le muguet, la tubéreuse, la giroflée, la pensée, l'iris, l'héliotrope, la marguerite, le jasmin, le lilas, l'anémone, l'hortensia, la tulipe, etc.

Les arbres font l'ornement de la terre.

Les principaux arbres qui portent des fruits propres à la nourriture de l'homme, sont le pommier, le poirier, le pêcher, l'abricotier, le prunier, le cerisier, le

groseiller, le néflier, le cognas-
sier, l'oranger, le citronnier,
le noyer, etc.

Les arbres qui ne por-
tent point de fruits propres
à la nourriture de l'homme,
servent à d'autres usages,
et sont employés soit en
bûches, soit en planches,
soit d'autre manière, pour
les besoins ou les agrémens
de la société.

Les principaux de ces
arbres sont le chêne, l'orme,
le peuplier, l'érable, le sapin,
le pin, le buis, le saule,
l'acacia, etc.

Les plantes que le ciel

a semées sur la surface de la terre, se divisent en plantes potagères et en plantes médicinales.

Les principales plantes potagères sont : la carotte, le navet, le chou, le panais, les raves, le potiron, la laitue, le persil, la ciboule, le cerfeuil, les salsifis, le céleri, le poireau, les épinards, l'oseille, etc.

Les principales plantes médicinales sont : la bourrache, le chiendent, la guimauve, la coriandre, la fumeterre, etc., etc.

A.   L'AVARE ET SON TRÉSOR.

Un avare faisait sans cesse la garde de son trésor, et se refusait non seulement les douceurs, mais encore les premières nécessités de la vie. Malgré sa vigilance, des voleurs se saisirent de son trésor. Notre homme jette alors les hauts cris, disant : Mon or est pris, mon or que je conservais plus précieusement que la vie : j'avais un tel respect pour lui, que jamais je n'y touchais. Un voisin, devant lequel il se lamentait ainsi, lui dit : Je ne

4

plains nullement votre sort :
vous le méritez ; car, en der-
nier résultat, ramassez quelques pierres, et mettez-les
à la place de votre or, elles
vous vaudront tout autant.

B. LA BREBIS ET LE CHIEN.

La brebis et le chien se
plaignaient un jour de leur
triste destinée. Que la tienne
est cruelle ! dit la brebis au
chien. Pour prix de tes services et de ton dévouement
à l'homme, tu reçois des
coups et le trépas. Quant à
moi, qui les habille, leur
donne du lait et fume leurs

champs, je vois chaque jour un des miens assassiné par l'homme, ou dévoré par les loups. Quel cruel destin! Cela est vrai, dit le chien; mais les auteurs de nos maux n'en sont pas plus heureux : il vaut encore mieux souffrir le mal que de le faire.

C. LE CHIEN ET LE CHAT.

Un laboureur vendit son chien: le chien brisa sa chaîne, et revint au logis de son premier maître, qui le reconduisit, à coups de bâton, vers sa nouvelle demeure. Un vieux chat, commensal du logis, voyant le chien surpris de l'accueil qu'on lui avait fait, lui dit : Désabuse-toi, pauvre sot, et apprends que ce n'est pas pour nous que *l'homme nous aime.*

D. LE DANSEUR DE CORDE

ET

LE BALANCIER.

Un jeune voltigeur, le balancier en main, sur la corde tendue, l'air libre, le corps droit, faisait, par ses tours de légèreté et de souplesse, l'admiration des spectateurs. Un jour, tout fier de son talent, il dit : A quoi bon ce

balancier qui me fatigue et m'embarrasse? sans lui j'aurais plus de force, de grâce et de légèreté. Aussitôt fait que dit : le balancier jeté, notre étourdi tombe et se casse le nez. Tout le monde en rit.

Jeunes gens sans règle et sans frein, tôt ou tard on succombe. La vertu, la raison, les lois, l'autorité, vous causent quelque peine; c'est le balancier qui vous gêne, mais qui fait votre sûreté.

E. L'ENFANT ET LE DATTIER.

Un enfant, dans une aride plaine, trouve une fontaine, et auprès, un beau dattier couvert de ses fruits; alors

4.

vers le dattier il s'élance, et tâche de se hisser jusqu'à son sommet; mais en montant, il se déchire les mains: deux fois il retombe : enfin il parvient au haut de l'arbre, où il se jette sur les dattes qu'il mange sans choix. Il lui prend une réflexion; il descend, va chercher sa mère et son frère, et les conduit au dattier. Le cadet présente son dos à l'aîné, l'autre y monte, et sans efforts et sans danger, cueille et jette les dattes dans le tablier de sa mère, qui les range sur un linge blanc, les deux frères viennent ensuite sur les bords du ruisseau, faire un repas agréable.

Telle est l'image de la société; il n'est de biens que ceux que l'on partage, et *le tout ne vaut pas la moitié*.

F.   LES DEUX FRÈRES.

Un laboureur avait deux fils qu'il chérissait tendrement. Il mourut, leur laissant un champ pour tout héritage. L'aîné se rendit à la cour, et parvint, non par son mérite, qui était très mince, mais par ses intrigues, ses bassesses et ses flatteries, à devenir le favori du prince. Le cadet, sans envier le sort brillant de son frère, cultiva l'humble champ de son père, et vécut satisfait du travail de ses mains. L'aîné dit un jour à son cadet : Pourquoi n'apprends-tu pas à plaire ? tu ne serais pas obligé de travailler pour vivre; tu te pousserais à la cour où je te procurerais un poste éminent. Le cadet lui répondit sensément : Mon frère, ainsi que moi, apprends à travailler, et tu ne seras pas obligé d'être esclave.

———

G. LA GUÊPE ET L'ABEILLE.

La guêpe voyant un jour l'abeille dans le calice d'une fleur, s'approcha en l'appelant sa sœur ; celle-ci, révoltée de ce ton, lui répond : Moi, votre sœur ! Depuis quand cette parenté ? Mais c'est depuis toute la vie, lui repartit la guêpe en courroux : n'ai-je pas comme vous des ailes, même taille, même corsage, et même dard ? Il est vrai, répliqua l'abeille, que notre arme est pareille, mais pour des emplois différens : la vôtre sert votre insolence ;

la mienne, plus utile, re-
pousse l'offense : vous pro-
voquez, et je me défends.

Les armes, dans les mains d'un méchant,
sont toujours nuisibles ; elles ne sont utiles
qu'entre celles de l'honnête homme.

H. L'HOMME ET LE BARIL.

Un navigateur fit nau-
frage ; mais, comme il savait
nager, il parvint à atteindre
le rivage. Ce rivage étant
désert, il n'y trouva aucun
aliment. Comme il était près
de sa fin, les flots poussèrent
vers la plage un baril bien
entier. Notre homme, le
croyant plein de biscuit

ou de fromage, s'y traîna
comme il put : mais quel
fut son chagrin, de n'y voir
que des perles !

Au goût de la frivolité préférons toujours
les denrées de première nécessité.

I. L'INONDATION.

DES laboureurs vivaient
en paix, et au sein de l'a-
bondance, dans leur village.
Il arriva qu'une année il y
eut une grande sécheresse :
point de pluie ni de rosée. On
trembla de mourir de faim.
La commune s'assemble, et,
après avoir long-temps déli-

béré, sans avoir rien arrêté,
un vieillard élève la voix, et
dit : A quelque distance de ce
village, se trouve un grand
lac; allez le saigner, mais
sachez ménager ses eaux.
Quand nos terres seront assez
abreuvées, nous fermerons
les saignées que nous aurons
faites. On court aussitôt pour
opérer cette inondation. On
perce en cent endroits; le
lac se dégorge avec une certaine violence, et inonde
toute la plaine, submerge et
entraîne avec lui toute la
récolte. Tout est perdu et
noyé. On s'en prend au vieil-

lardé de son mauvais con-
seil. Il était salutaire, ré-
pondit-il ; vous vouliez un
peu d'eau ; vous lâchez la
bonde ; l'excès d'un très
grand bien devient souvent
un mal très grand.

Le sage arrose doucement ;
L'insensé tout de suite inonde.

LE JEUNE HOMME
ET LE VIEILLARD.

Un jeune homme, de son
naturel un peu ambitieux,
dit un jour à son père : De
grâce, apprenez-moi com-
ment on fait fortune. Mon
ami, lui dit le vieillard, pour

parvenir à ce but, il faut se
rendre utile à la cause commune, et prodiguer ses soins
et ses services à sa patrie.
Cette vie est trop pénible,
répliqua le jeune homme ;
je veux des moyens moins
brillans.— Dans ce cas, intri-
gue. —Ces moyens sont trop
vils et trop bas. Je voudrais
m'enrichir sans travailler, et
sans faire de bassesses.—Eh
bien ! sois un simple imbé-
cile, et tu es presque sûr
de réussir.

Dans ce monde, le mérite est peu de chose,
et la nullité presque tout.

M. KIRKET.

K. M. KIRKET.

M. KIRKET était un bon gentilhomme Bas - Breton, renommé par sa douceur. Un de ses vieux amis lui dit un jour : « Vos valets ne vous craignent guère. » M. Kirket répondit : « Et moi donc, est-ce que je les crains ? » Quelqu'un qui avait entendu M. Kirket, s'écria aussitôt :

Pour moi, si j'avais des enfans,
Si du plus puissant des sultans
Je possédais le vaste empire,
De mes enfans, de mes sujets
Je voudrais pouvoir dire
Ce que M. Kirket disait de ses valets.

L. LES DEUX LIONS.

Sur les bords africains,
deux lions tourmentés de la
soif, arrivent au pied d'un ro-
cher du désert, d'où coulait un
filet d'eau : ils pouvaient boire
ensemble; mais l'orgeuil leur
dit le contraire : chacun veut
boire seul. Alors ils s'élancent
l'un sur l'autre, et commen-
cent un combat aussi long
que dangereux. Après une
heure ou deux d'efforts et
de morsures, couverts de
sang, ils s'arrêtent à demi-
morts, et se traînent sur le
sable, à la source où ils vont
boire ; mais pendant le com-

M 	**N** 
O 	**P** 
Q 	**R** 

bat, la source avait tari : ils expirent auprès.

Mortels insensés, dont toutes les passions funestes consument en douleurs les courts momens de la vie, telle est votre histoire. Hommes, vous êtes ces lions; vos jours, c'est l'eau qui s'est tarie.

M. LES MOUCHES PUNIES.

Un vase rempli de miel, tomba. Alors, des mouches parasites accoururent pour en faire la déconfiture : s'étant postées sur la visqueuse matière, elles s'en rassasièrent à longs traits ; mais ensuite, voulant prendre leur essor, leurs pieds et leurs ailes imprégnés de la matière, refusèrent de seconder leur désir;

5.

une des prisonnières alors s'écria :

Pourquoi avons-nous cherché des mets exquis? La sensualité nous a conduites au trépas.

N. LA NOIX, LA GUENON

ET LE SINGE.

UNE jeune guenon cueillit un jour, une noix dans sa coque verte : elle y porte la dent, et fait la grimace. Ah ! dit-elle, ma mère m'a trompée, quand elle m'a assuré que les noix étaient bonnes. Au diable soit le fruit ! En disant ces mots, elle jette sa noix ; le singe s'en saisit, la casse entre deux cailloux, l'épluche, la mange, et lui dit : Ma chère,

votre mère avait raison; les
noix ont fort bon goût, mais
il faut les ouvrir.

Dans la vie, sans un peu de travail, on
n'a point de plaisir.

O. LES DEUX OISONS,

LE PAON ET LE PLONGEON.

Un paon faisait la roue :
les autres oiseaux admiraient
son brillant plumage. Deux
oisons ne remarquaient que
ses défauts ; regarde, disait
l'un, comme sa jambe est mal
faite, et ses pieds plats et
hideux. Son cri, disait l'autre,
est capable de faire fuir la
chouette. Un plongeon leur
cria : Messieurs, vous voyez

d'une lieue ce qui manque à
ce paon; c'est bien voir, j'en
conviens; mais votre chant,
vos pieds, sont plus laids que
les siens, et vous n'aurez
jamais sa queue.

Yeux de lynx pour les défauts des autres;
yeux de taupe pour les nôtres.

P. LA PUCE ET LA SANG-SUE.

QUE ta destinée est diffé-
rente de la mienne! dit un
jour la puce à la sang-sue.
Du matin au soir, tu te gorges
de sang, tu le bois à longs
traits, et personne ne se
plaint de toi; il semble même
que l'on doit t'en avoir obli-
gation. Quant à moi, si j'ai

le malheur, pour soutenir une pénible existence, d'en tirer une petite goutte, on m'écrase, on me tue impitoyablement, et, qui plus est, on s'applaudit de ma mort. D'où l'on peut tirer cette conclusion :

Mort aux petits voleurs, aux grands voleurs paix et honneurs.

Q. LA QUEUE

ET LES MEMBRES DU SERPENT.

LA queue d'un serpent demanda à marcher la première, et à précéder les autres membres. Ceux-ci lui dirent : Comment, sans yeux et sans nez, nous pourras-

tu conduire? Ils eurent beau
faire des objections, l'expé-
rience seule put la convain-
cre, et la rendre sage. La
queue, tout aveugle qu'elle
était, osa donc commander
au corps entier; mais enfin
tombant dans une fosse
pierreuse, elle se déchira,
elle et tout le corps. Trou-
blée alors de sa chute, elle
supplia la tête, et lui dit :
O notre chef! conservez-
nous si vous voulez; je sens
bien que je vous ai fait une
mauvaise chicane.

Tels sont les hommes fourbes et méchans,
qui se révoltent contre leurs maîtres.

R.

LE ROSSIGNOL

ET LE PRINCE.

Un jeune prince se promenait un jour, avec son gouverneur, dans un bocage. Un rossignol qui chantait attira son attention; et comme il était prince, il veut l'attraper pour le mettre en cage ; mais le bruit qu'il fait pour l'atteindre, met en fuite le rossignol. Pourquoi donc, dit-il à son gouverneur, le plus aimable des oiseaux se tient-il au fond des bois, dans une solitude profonde, tandis que mon palais est rempli de moi.

neaux ? La raison en est toute
simple, répondit le gouverneur, qui profita de cette oc-
casion pour instruire son
élève de ce qui pouvait lui
arriver par la suite :

Les sots savent toujours bien se produire ;
le mérite se cache : il faut l'aller trouver.

S. LE SULTAN.

LE sultan Misapouf, après
avoir long-temps chassé avec
toute sa cour, eut soif, et
dans la plaine où il se trou-
vait alors, il n'y avait ni ruisseau, ni fontaine. Près de là
seulement paraissait un vaste jardin rempli de cédrats,
d'oranges et de raisins. Voilà

de quoi vous rafraîchir, dit un des courtisans au prince. A Dieu ne plaise que je touche à ces fruits ! répondit le sultan, c'en serait fait de ce jardin; car si je me permettais d'y cueillir une seule orange, mes visirs et mes courtisans mangeraient aussitôt le verger.

T. LA TAUPINIÈRE.

Une taupe dans un verger,
Établit sa demeure sombre;
Et faisant son chemin dans l'ombre,
Se croyait bien loin du danger.
Oh ! disait la pélerine,
De la façon dont je chemine,
Je ne crains pas le jardinier,
Et si jamais il me devine,
Assurément il est sorcier......

La bonne taupe!.... elle était fine ;
Mais cependant maître Lucas
Sut bien où tendre sa taupière.....
La taupe , on ne la voyait pas ;
Mais on voyait la taupinière.

U.

ULYSSE

DANS L'ANTRE DU CYCLOPE.

ULYSSE, après la prise de Troie, s'embarqua avec ses compagnons, pour se rendre dans sa patrie. La mer irritée le jeta sur la côte inhospitalière des cyclopes, dont Polyphème était le souverain. Celui-ci saisit six de ses compagnons, que soudain il mange. Ulysse usant de stratagème, pour se dérober à la voracité de ce cyclope, lui offre une liqueur avec laquelle il parvient à l'enivrer. Polyphème s'endort profondément: le roi d'Itaque profite de ce moment pour lui crever, avec un tison ardent, le seul œil qu'il avait au milieu du front, et parvient, par ce moyen, à tromper la fureur du cyclope.

La sagesse est un guide dont les conseils nous font éviter bien des maux.

V. LES DEUX VOYAGEURS.

DEUX villageois, nommés Thomas et Lubin, allaient à la ville prochaine; Thomas trouve sur son chemin une bourse pleine de louis: il l'empoche aussitôt. Voilà une

bonne aubaine *pour nous*, s'é-
cria Lubin : non sans doute ,
répondit Thomas : *pour moi*
c'est différent. En quittant la
plaine , ils rencontrent des
voleurs dans un bois. Thomas
dit : Nous sommes perdus;
non, répondit Lubin, *nous*
n'est pas le vrai mot; mais *toi*
c'est autre chose. En achevant
ces mots, Lubin s'échappe à
travers les taillis. Thomas
tombe entre les mains des
voleurs , qui lui enlèvent
sa bourse.

Qui ne songe qu'à soi dans la prospérité,
ne trouve point d'amis dans l'adversité.

X.

XÉNOCRATE

ET LE MOINEAU.

POURSUIVI par un épervier,
Un moineau tout tremblant vint se ré-
fugier
Sur les genoux de Xénocrate.
Le tendre philosophe étendant son man-
teau,
En couvre le petit oiseau ;
Puis dans son sein le réchauffe et le flatté.
« Hélas, dit-il, on en veut à ses jours !.....
Il est fait innocent.... Je lui dois mon
secours. »

Y.

L'IVROGNE

QUI SE VENGE.

UN particulier rencontra
un matin un ivrogne à qui
la liqueur bachique avait ôté
le sens, et donné la berlue.

6.

Cet ivrogne faisait grand carillon, attaquant à coups de pierres les fenêtres d'une maison. Qu'est-ce ceci? lui dit l'homme sensé; sommes-nous donc en guerre? Oui, repart l'ivrogne, j'y suis avec ces gens-là du second étage, qui ont jeté sur moi des ordures. Quoi! reprit l'autre, c'est du second étage que vous avez reçu l'outrage, et vous jetez des pierres au premier! Votre fait n'est pas régulier, et vous offen-sez la justice....... Cela est vrai, répliqua l'ivrogne, mais je ne pouvais jeter mes pierres plus haut.

Cette fable peint les effets d'une émeute populaire. La représaille des gens ameutés s'adresse moins aux auteurs de leur détresse, qu'à ce qui tombe sous leur main.

Z. LE ZÈLE.

J'AVAIS, dans ma jeunesse, habité quelque
temps
Chez des religieux d'une morale austère;
Et lorsque je revins auprès de mes parens,
J'en avais pris le caractère.
Une nuit que chacun dormait profon-
dément,
De nos auteurs sacrés je lisais les ouvrages;
J'en commentais quelques passages,
Et les récitais hautement.
Ma lecture éveilla mon père :
Je m'aperçus de son réveil,
Et lui criai d'un ton sévère :
Voyez-vous vos enfans plongés dans le
sommeil,
Au lieu de faire au ciel de ferventes prières?
— Mon cher fils, me dit il, vaudrait mieux
dormir,
Que de veiller pour me faire sentir
Les fautes de tes frères.

Une Femme et sa Poule.

UNE certaine femme avait une Poule qui lui pondait chaque jour un œuf. Elle s'imaginait que si elle nourrissait mieux sa Poule et l'engraissait davantage, elle lui pondrait tous les jours pour le moins deux ou trois œufs. Elle lui donna donc beaucoup plus de grain qu'à l'ordinaire. Mais il arriva que la Poule devint trop grasse, et cessa entièrement de pondre.

Ceux qui veulent trop gagner se ruinent souvent par de fausses mesures qu'ils prennent pour s'enrichir.

DIALOGUE.

LE PRÉCEPTEUR.

Eh bien! mon ami, avez-vous lu le livre de Fables que je vous ai donné?

L'ENFANT.

Oui, Monsieur.

LE PRÉCEPTEUR.

Ces Fables vous ont-elles amusé?

L'ENFANT.

Oui, Monsieur.

LE PRÉCEPTEUR.

J'en suis charmé, mais on ne lit pas toujours pour s'amuser : on lit encore pour s'instruire ; les Fables amusent et instruisent tout à la fois.

L'ENFANT.

J'ai une question à vous faire.

Les animaux parlaient donc autrefois ?

LE PRÉCEPTEUR.

Non , mon ami : le langage ou la parole n'a été donné qu'à l'homme.

L'ENFANT.

J'ai cependant entendu des perroquets parler, et même d'autres oiseaux.

LE PRÉCEPTEUR.

Cela est vrai, mais ce langage n'est qu'une imitation de celui de l'homme; ils ne peuvent articuler que quelques mots qu'il faut avoir eu soin de leur répéter mille et mille fois. En outre, ils n'attachent aucune idée à ces mots; et vous entendez toujours dire d'un homme qui parle sans savoir ce qu'il dit : Il jase comme un perroquet.

L'ENFANT.

Mais pourquoi faire parler des animaux qui ne peuvent parler?

LE PRÉCEPTEUR.

Le mot Fable, mon ami, si-
gnifie chose feinte, fiction, chose
qu'on imagine, qui n'est pas
vraie, et dont on est convenu
de se servir, sans pour cela pouvoir être taxé de mensonge. En
un mot, c'est une invention pure-
ment humaine, pour pouvoir
présenter la vérité sans cho-
quer l'amour-propre de celui à
qui on l'adresse. Si je disais à
quelqu'un : Vous êtes gourmand,
ou paresseux, ou orgueilleux,
ou avare ou libertin, son amour-
propre serait révolté; je m'atti-
rerais son inimitié. Eh bien! en
faisant parler des animaux, je
lui dis tout cela. Vous voyez,
mon ami, que les Fables peuvent
servir à quelque chose.

L'ENFANT.

Je commence à comprendre ce
que vous me dites.

LE PRÉCEPTEUR.

Cela me fait plaisir, et prouve que vous avez de l'intelligence. Il ne s'agit pas toujours de lire des Fables, et même de savoir les déclamer; il faut savoir encore en retirer de l'instruction, et se pénétrer de la morale qu'elles renferment. Mais c'est assez raisonner aujourd'hui: je vous parlerai une autre fois du but principal de la Fable.

L'ENFANT.

Pourquoi pas aujourd'hui?

LE PRÉCEPTEUR.

J'ai mes raisons pour cela: allons faire un tour de promenade hors la ville, au milieu des champs; allons contempler la nature, et jouir des plaisirs innocens qu'elle prodigue à ceux qui l'aiment. En chemin, vous me réciterez quelques-unes des Fables que vous avez apprises.

FIN.

Versailles. — Imprimerie de MARLIN.

www.ingramcontent.com/pod-product-compliance
Lightning Source LLC
LaVergne TN
LVHW050611090426
835512LV00008B/1445